我来创造
未来世界

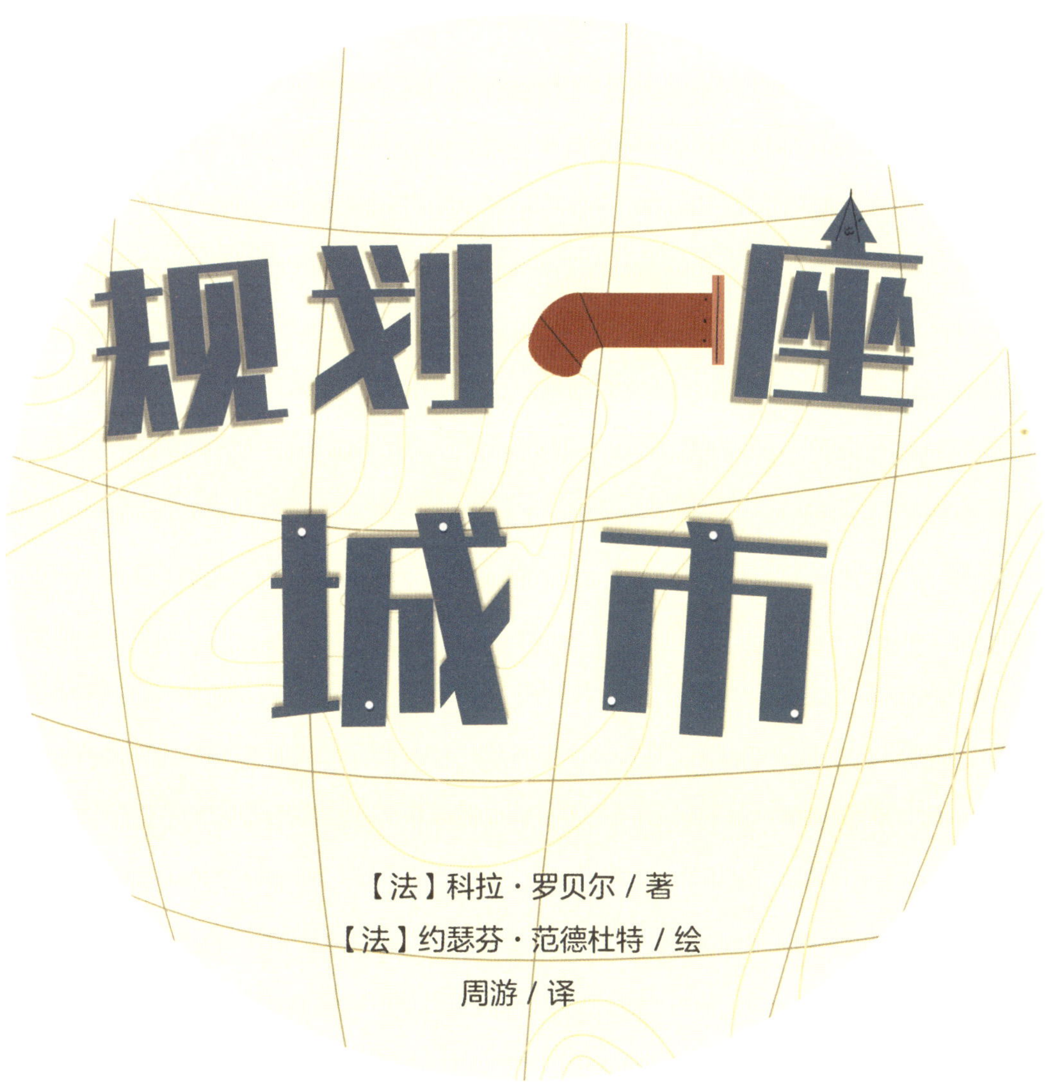

规划一座城市

【法】科拉·罗贝尔 / 著
【法】约瑟芬·范德杜特 / 绘
周游 / 译

前不久，人们发现了一座很大的岛屿，岛上没有人居住。但它高耸的山峰、辽阔的森林、众多的河流、碧绿的草地和绵延的海滩，吸引了越来越多的人……

我们这个由设计师、建筑师、科学家和地图制图员组成的四人团队，将前往该岛屿进行勘查。

我们的任务：为未来的岛上居民打造一座全新的城市。

现在，我们需要你发挥创意，快来加入我们吧！

城市的名字

创建一座新的城市，需要先设想出它的样貌。但在此之前，你还得先给它起个名字！

很多时候，我们并不确切地知道一座城市为什么叫这个名字，因为随着时间的流逝，已经没有人知道它最初的起源了，而它现在的这个名字可能是后来演变而来的。通常，我们可以通过研究一座城市的演变过程，来了解其名称的含义，这就是应用所谓的词源学。

一座城市的名字可能源于它的地理位置、创建者的名字、一位圣人或名人的名字、当初第一座农场的名字，甚至可能源于另一座城市的名字！

匈牙利的首都布达佩斯实际上由两座城市合并而成：布达市和佩斯市，布达市拥有一座大城堡。

17 世纪，人们在法国的布列塔尼大区建设了一座港口，用来制造与东亚（当时称为“东方”）进行贸易的大型船舶。建成的第一艘船舶被命名为“东方太阳号”（Le Soleil d'Orient），它的缩写 L'Orient 就成了洛里昂这座城市的名字。

△“东方太阳号”船只模型，陈列于法国布列塔尼大区洛里昂市路易港的东印度公司博物馆

肯尼亚首都内罗毕，是在一座火车站的基础上发展起来的，该火车站建在一片古老的沼泽地附近，这片沼泽地的马赛语名字为 Ewaso Nyirobi，意为“清凉之水”，内罗毕（Nairobi）因此而得名。

欧洲人在北美大陆建立殖民地时，用欧洲已有的地名给新发现的地方命名。于是，在哈德逊河口，法国殖民者建立了新昂古莱姆，随后荷兰人建立了新阿姆斯特丹，而英国人建立了新约克（New York），后被称为纽约。

你想给你的城市起个什么名字呢？

你会怎么称呼住在你的城市里的居民？

你知道吗？

泰国的首都曼谷，其全称以 168 个英文字母之长被吉尼斯世界记录定为世界上最长的地名。

城市的选址

接下来，是城市的基础设施建设阶段。每座城市都包含供人们居住的房屋或城堡、用于生产和生活的农场或渔港等基础设施，而后再逐步完善城市的功能建设。但是在此之前，你需要考虑的是，到底要在哪里创建一座城市才好呢？

城市的位置绝不是盲目确定的。每座城市都是在精心选定的地方逐渐建设起来的。山岗上很适宜建造一座要塞，这样可以俯瞰和监视周边地区。把城市建在河边，可以获得一条交通通道和丰富的渔业资源，而且河流沿岸的土壤肥沃，非常适合耕作。从前，贸易路线的沿途，通常会形成大型市场和集市，便于交易周边地区的产品，这样的地点非常适合建立一座繁荣的城镇。有时，一些城市还会建立在充满传奇色彩的地方。

巴黎起源于河流中的一座岛屿。

开罗坐落在土地肥沃的尼罗河两岸。

一座堡垒雄踞山顶，俯瞰奥德河。围绕着这座堡垒，卡尔卡松市逐渐发展起来。

根据古老的传说，罗马起源于由狼抚养长大的雷穆斯和罗慕路斯兄弟，他们被认为是这座城市的奠基人。

东京原本只是一个小渔村。

你知道吗？

在古代，古罗马人以首都罗马为中心，围绕地中海修建了可以连通城市各个角落的巨大道路网络。所谓“条条大路通罗马”，即来源于此。

请在这座岛屿的地图上画出你理想中的城市位置，并说一说你为什么选择这里。

城市的类型

一座城市的规模有大有小。一个小村庄可能演变成一座大城市。根据城市居民的总数，城市可以被划分成不同的规模等级。

在法国，当一个人口聚居区域的居民人数超过 2000 时，就被称为“市镇”。有的城市特别大，可以涵盖好几个市镇，人们就称之为“都市圈”。

“市镇”是法国最低一级的行政划分区。法国蒂勒和巴勒迪克，居民人数在 2000~2 万，这样规模的城市被称为“小城市”。居民人数在 2 万 ~10 万的城市被称为“中等城市”，布卢瓦、尚贝里和阿维尼翁就属于中等城市。人口规模更大的，则被称为“大城市”，比如南特（30 万居民）、里昂（50 万居民）。巴黎大区拥有超过 1200 万居民，是一个可以与世界上顶尖大都市相媲美的“特大城市”。

你的城市里有多少居民？
1000 还是 100 万？

城市的人口规模并不一定与其面积大小成正比，因为一座城市可能会在很小的空间内容纳很多居民。这时，人们会说这座城市的人口密度很大。

△中国上海市

或者正相反，一座城市空间相当广阔但居民较少（也就是人口密度较小）。在美国，一些历史较短的小城市人口密度都不大。在这样的小城市里，建筑物的规模比较小，居民住宅都是独立的，道路宽阔，不乏停车场、公园等基础设施。

△美国佛蒙特州蒙彼利埃市

请你参考下面的图例，画出你的城市的鸟瞰图。
你也可以选择在你的城市周边画上其他大大小小的城市或村镇。

房屋

街道

公园

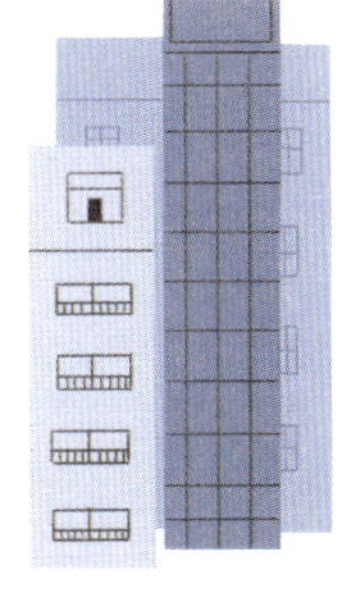
大厦

学校

市政府

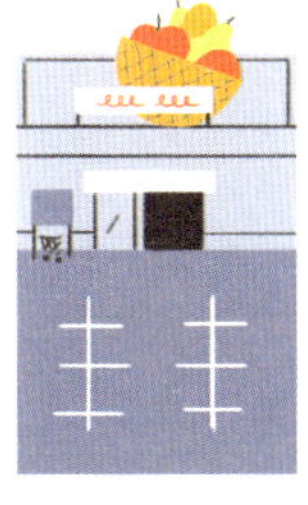
超市

广场

城市的周边环境

望向窗外，我可以看到远处美丽的风景。

人们将空间划分为两种类型：城市空间（包括大大小小的城市）和乡村空间（包括农田、森林、山脉等）。现在，人们在大城市和小村庄的周边都建起了许多房屋，而且这些地方看起来非常相似。这种城市居民逐渐由中心区域向周边乡村迁移的现象叫作“城市郊区化”。很多人居住在乡村，但前往城市工作。在城市的周边，常有乡镇和郊区。有时，一些古老村庄也会被纳入乡镇。

城市周边也可能有农业区，包括农田和果蔬种植基地，也可能有森林、山脉或海洋。

喀麦隆共和国的首都雅温得市有近 300 万居民，它被非洲赤道雨林所环抱，这片雨林横跨多个国家。

玻利维亚首都拉巴斯是世界上海拔最高的首都。安第斯山脉贯穿整个南美洲，而拉巴斯就位于这条山脉的中心地带。

马累市坐落于马尔代夫群岛的一座珊瑚岛上，它利用了岛上所有可用的空间，看起来就像是一座漂浮在印度洋上的城市。

沙特尔市（中等城市）位于法国博斯地区。该地区地势平坦，农业发达，拥有广袤的农田。

请画出你的城市周边的景物。

城市的历史

我非常喜欢充满神秘感的古老城市。

大多数城市都有着悠久的历史。但也有一些城市是近年来才刚刚兴建的，比如从 2003 年开始，韩国人通过填海造地的方式建设了松岛市。新兴城市通常会出现在蓬勃发展中的国家，目的在于避免现有大城市人口过剩。北美大陆的城市是由欧洲殖民者在 18 世纪 ~20 世纪建设的，与其他大陆的多数城市相比非常年轻。加拿大的温哥华市只有一百多年的历史。

有一些城市太古老了，如今已经无人居住。巴比伦城是一座建于 5000 多年前的神秘城市，可能是人类历史上第一个特大城市。如今，它只剩下废墟供考古学家们研究了。

9~15 世纪，位于柬埔寨的吴哥曾经是强大的吴哥王朝的首都，拥有众多居民。如今，这座城市只剩下古寺遗迹供游人参观。

印度的瓦拉纳西市（旧称贝拿勒斯），是当今仍然存在的最古老的城市之一，人们推测它应该是在 5000 年前兴建的。

随着时代的变迁，一些城市会更改名字，并逐渐壮大。但正如大家所见，也有一些城市可能会消失。高卢时期的吕特斯城后来发展成为巴黎，然后它继续扩张，兼并了一些古老的小村庄，例如贝西和梅尼尔蒙坦，它们如今都已经成为巴黎的行政区。

城市的历史也与它所在国家的历史相关。在城市的发展进程中，有的国家将首都从原来的城市迁移到另一座城市，比如在 19 世纪，日本的首都从京都迁到了东京。

请你想象一下，在很久以前，我们还没有来到这座岛屿时，岛上的城市是什么样的。

城市规划

建筑风格和规划布局共同造就了一座城市的独特性：是狭窄的小路还是宽阔的大道？道路都是笔直的吗？城中有没有大广场、公园或私家花园？城中的建筑是以小房子为主还是以高楼大厦为主？不同风格的建筑是混杂在一起，还是分布在不同区域？所有这些因素组合起来，就能体现出不同的城市风格。

在那些历史悠久的城市里，人们往往会发现其街道狭窄而密集，而且许多建筑已经成为文化保护遗产，比如罗马的很多教堂。

世界各地的城市规划风格迥异，且一座城市的规划布局可能会随着城市的发展而完全改变。

△意大利罗马市

有的城市中有一些贫困区，那里的居民居住在自建房里，这些住所相当不牢固。这片区域被称为“贫民窟”。肯尼亚的基贝拉贫民区和巴西的里约热内卢贫民区就是这种情况。那里的生活条件非常艰苦。

在同一座城市，新兴的现代化的街区可以与古老的街区比肩而立。城市决策者可以决定是否保留其历史上的城市规划。

△肯尼亚内罗毕的基贝拉贫民区

△中国成都市

现在，轮到你来规划自己城市的布局啦！

建筑风格

城市中的建筑物有不同的颜色、形状和高度。有的建筑的外观是用玻璃和金属来打造的，有的建筑则全部使用石头、木头、砖头、混凝土等来建造；有的建筑有很多窗户，有的建筑带有阳台；有的建筑装饰简约，有的建筑装饰烦琐。我们称这些不同的建筑方式为“建筑风格”。

一般来说，建筑风格取决于当地可用的原材料，并受当地气候条件的限制：能在当地找到适合的石材或者木材吗？建造的房屋应该能让居住者免受寒冷侵袭，还是避免暑热困扰？

△马里，用黏土建造的杰内大清真寺

△在挪威，人们用木头建造房屋并在房顶盖上干草

△布拉格的彩色大楼

△芝加哥的城市景观

请你来画一栋传统的房屋和一幢现代化风格的大楼。

城市的地下系统

一座城市，其实和蚁穴有点儿像。

城市规划不仅仅局限于我们能看到的部分！除了建筑物、街道、公园等，它还包括所有那些你平时看不到，用来支持城市运转的部分。在城市的地下，我们可以发现很多东西：把饮用水输送到水龙头的管道、将废水输送到处理厂的管道、把电力和互联网连接到我们家中的电缆、汽车隧道和地铁隧道等。

城市中甚至有废弃的古代地下通道，例如巴黎地下墓穴，里面堆积着成千上万具人类尸骨。

此图为虚化效果

为了修建地铁线路、车站、供水管网、废水管网等，人们开凿了很多隧道。在城市的地面之下，仿佛还有另一座城！在加拿大的蒙特利尔市，到了寒冷的冬日，人们甚至搬到地下居住，并在地下购物中心采购。

请你把藏在城市地下空间里的小老鼠找出来，并用○逮住它们！

交通网络

道路建设是至关重要的一步，因为自行车、摩托车、公共汽车、小汽车和卡车都需要在道路上行驶。

有些街道是纯粹的步行街。

有些街道可以供公共汽车和小汽车通行。

有些街道非常宽阔，被称为“大街”或者“林荫大道”。

△巴黎香榭丽舍大街

从一栋楼到另一栋楼，从一个街区到下一个街区，往往步行就可以了。但要到一个比较远的街区，或者出城，就需要有方便快捷的出行方式。

总之，有许多非常宽阔的道路在城市内交织或者环绕着城市。有一些城市还有隧道和立交桥。

△上海华夏中路道路、立交桥和铁路网的鸟瞰图

你知道吗？

有一条被人们称为“环城路”的道路围绕着法国的巴黎，而在中国的北京，有六条环城路！

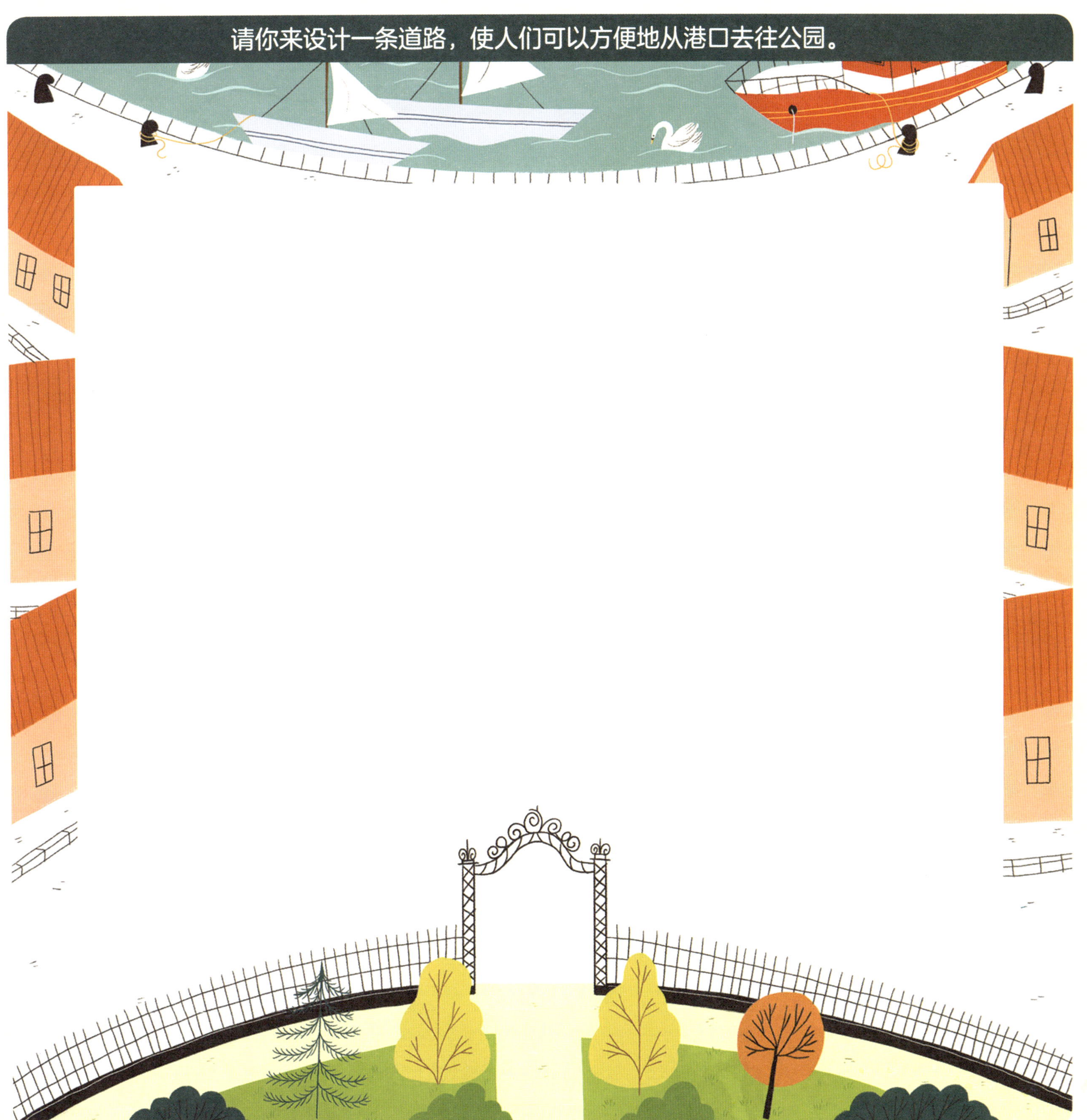
请你来设计一条道路，使人们可以方便地从港口去往公园。

公共交通

在城市的大街小巷中往来，离不开公共交通！

所谓公共交通，是指所有人都可以利用的出行方式。

△法国格勒诺布尔市的电缆车

△英国伦敦市的城市巴士

△法国蒙彼利埃市的有轨电车

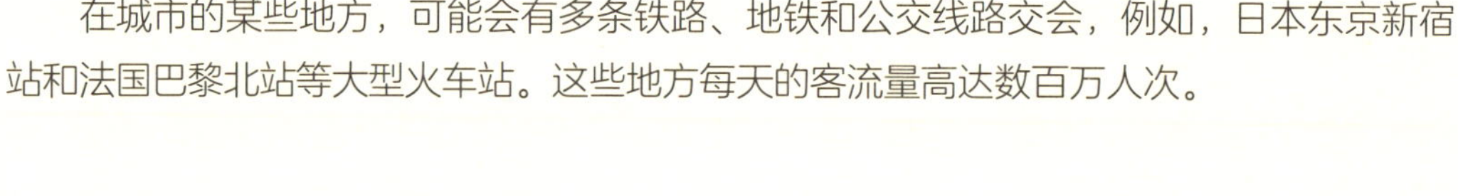

在城市的某些地方，可能会有多条铁路、地铁和公交线路交会，例如，日本东京新宿站和法国巴黎北站等大型火车站。这些地方每天的客流量高达数百万人次。

△斯里兰卡埃拉镇的火车

△意大利威尼斯市的水上交通工具——贡多拉

我已经画好了城市中心的各种建筑
你能帮我画出连接其中重要地点的地铁线路吗？

工作场所

在城市里，大家从事着多种多样的职业。

△在实验室工作的化学家

有些人在写字楼里工作，有些人在工厂里从事生产。商店里有招呼顾客的售货员，医院里有照顾病人的医护人员，城市里还有养护道路的人、处理垃圾的人、卖报刊的人、理发师等。

△在垃圾分类车间的工人

△在画室工作的插画师

△鞋匠

你理想中的职业是什么？请画出自己的办公室或者工作室。

商店和饭馆

为了让城市居民买到他们所需要的一切，请将购物清单上的商品与购买地点连接起来。

在大城市里，你几乎可以买到任何你想要的东西！

* 鲜花
* 面包
* 蔬菜
* 牛排
* 奶酪
* 报纸
* 图书
* 工具
* 药品
* 衣服

请你把市场中的这些商品涂上颜色吧（水果、蔬菜、鲜花和面包等）。

公共服务

为了保持城市的正常运转，为了保证居民的日常生活，我们必须要“面面俱到”。

一座城市要为很多人提供服务，那么需要管理的事务就很多！医疗卫生、公共安全、环境管理、文化娱乐和交通运输等，都是公共服务的范畴。

在医院里，医护人员可以同时治疗和护理很多病患。很多新生儿也是在医院里出生的！

消防站里，消防员和消防车随时待命，一旦有火灾或者事故，就可以马上出发去救援。

体育场、足球场、游泳池、滑板公园、篮球馆等供人们运动和娱乐的场所分布在城市各处。

街道清洁工会收集居民的垃圾，然后在回收中心对其进行分类处理。

请按照下面的步骤画出你的城市中的消防车，然后给它涂上你喜欢的颜色。

城市绿地

如果我们想要看看绿树，呼吸呼吸新鲜空气，只能去郊外吗？

不，我们在城市里同样可以找到这种地方！

城市中要有建筑物、道路、娱乐场所、运动场所，等等，但仅仅有这些还不够，城市中还要有用于绿化和美化环境的区域（包含树木、花草和水源等）。

在一些公园里，有纪念碑、雕像和喷泉，比如巴黎的卢森堡公园。

在纽约的市中心，有一个非常大的中央公园，园中有一个湖泊、一座动物园、大片大片的草坪等。然而，在其四周，高楼林立。

在日本的富士吉田市内，树木繁茂的静谧山丘上矗立着一座宝塔。

在科特迪瓦的首都阿比让以北，热带雨林自然保护区中隐藏着一片郁郁葱葱的原始森林——邦科国家公园。

请画出你的城市中最美丽的公园。

教育的场所

在大城市中，有非常多的教育场所供你选择，你可以在里面学习职业技能，也可以学习专业知识，学习语言，接受体育训练，接受音乐训练……

村庄里一般会设立幼儿园和小学，但初中、高中、大学则会设立在更高一级的行政区里。一些城市甚至拥有多所大学，每所大学能够接纳成千上万名学生！

有时，大学远离城市，学生们的生活和学习都在那里。有时，多所大学集中在同一区域，并配有相应的服务和设施，就如同一座小城市，人们称之为“大学城”。

在校园之外，还有很多机构提供各种培训，涵盖音乐、体育、舞蹈、绘画、戏剧、语言等。在商店里或大街上经常可以看到推广这些培训的海报，其中包括适合不同年龄段的各种兴趣班！

想象一下你理想中的教室是什么样子的，把它画出来。

地标建筑

这个城市中最美的地标建筑有哪些？

一座城市中，某些建筑物特别重要，或许是因为它们风格独特，或许是因为它们历史悠久，或许是因为它们具有纪念意义。作为这座城市的真正标志，它们因此成为游人必到的参观景点。通常，人们会去博物馆欣赏艺术作品或者了解这个国家和这座城市的历史。

你一定知道埃菲尔铁塔，它是巴黎的标志。但是，你知道日本的东京塔吗？它看起来和埃菲尔铁塔很像。从东京塔的顶层可以远眺富士山。

努美阿是位于南太平洋中部的法属新喀里多尼亚的首府，你可以去那里的吉巴欧文化中心了解卡纳克文化。

位于希腊雅典市中心的雅典卫城，是一座汇集了许多古老神庙的城堡，至今仍然存在着一些未解之谜。

美国西海岸旧金山市最著名的地标之一，是一座横跨海峡的巨型桥梁——金门大桥。

请画出你的城市中最著名的地标建筑。
你会选择一幢最高的大楼，还是最美的建筑物，还是历史悠久的古迹？

你知道吗？

法国巴黎的卢浮宫博物馆位居世界四大博物馆之首。你知道它最著名的藏品是哪一幅画吗？

市政府和市政团队

一座城市的首脑是市长。在法国，市长由当地居民选举产生，任期六年。市长领导着一个团队处理城市的各种事务：城市预算、工程和文化活动等。

市政府所在的办公场所被称为“市政厅”，通常是市中心一座美丽的建筑，比如布鲁塞尔市政府就在这幢于 15 世纪建成的哥特式建筑中办公。

在法国，居民结婚登记的仪式是在市政府由市长主持进行。居民的出生和死亡也必须在市政府登记。

△布鲁塞尔市政厅大楼

来给你的市长画一幅肖像吧，再把市旗上的市徽也设计出来，并涂上颜色。

城市的特色美食

我要画出城市里最棒的餐馆，你知道那里有什么特色菜肴吗？

世界各地的人们利用当地出产的水果、蔬菜和谷物，以及饲养禽畜，创造出自己的特色美食。同时，当地的居民和专业厨师也发展出各具特色的烹饪方式。人们常常会为了品尝一道名菜、一种糕点而造访一座城市。

罗马的特色美食可不仅仅是比萨，当地的美食比比皆是。其中一道就是罗马炸饭团：把包裹着奶酪的米饭团裹上面包糠，在油锅中炸至金黄，然后蘸上番茄酱，搭配菠菜吃。

越南米粉闻名世界，它的制作材料包括米粉、牛肉、蔬菜和香料。

莫雷酱是墨西哥的一种传统酱汁，用辣椒酱、番茄酱和巧克力酱调制而成。其中，巧克力的原材料可可豆原产于中美洲。在墨西哥，人们把莫雷酱用作调味料或蘸料。

在波兰的克拉科夫市，每年人们都会欢度饺子节。饺子馅可以是肉、卷心菜、白奶酪、土豆等，甚至可以是甜甜的水果。

画出你的城市的特色美食，然后给它们分别起个名字。

旅游业和节庆活动

人们远道而来，是为了探索你的城市。

每年都会有成千上万的游客乘火车、飞机或者汽车来到不同的城市旅游，他们有的来自周边地区，有的来自遥远的国度，只为探寻各座城市的新奇之处。酒店和民宿承担了接待这些来往游客的任务。游客们会从你的城市带走什么纪念品呢？

狂欢节时，法国尼斯市从市中心到盎格鲁大街，人们穿着节日盛装载歌载舞，随着巨大的花车游行。

每当春天来临，在马图拉等许多印度城市里，人们都会庆祝洒红节。这是一个五彩缤纷的节日。

在美国芝加哥市，人们为了庆祝圣帕特里克节，会把流经市中心的河流染成绿色。

在墨西哥，人们会欢度亡灵节，并为逝者奉上食物、鲜花等礼物。

你知道吗？

意大利佛罗伦萨市每年接待游客超过 1000 万人，比本地居民要多得多！

请给下面这幅游行队伍的图画涂上颜色。

中心广场

中心广场是举行庆典、集会等活动的地方。

在城市里，不仅仅城市设施很重要（如大楼、住宅、道路、公园、古迹等），空旷的场地也非常重要。人们可以在这里约会见面、组织活动、开办集市和露天餐饮等，这就是城市中的广场。每个村庄都会有一个小广场。在大城市里，各大街区都会有一个广场，而在市中心通常还会有一个非常大的广场。

△莫斯科的红场

△法国图尔市的普吕姆罗广场

△北京的太和殿广场

△墨西哥城的宪法广场（又称索卡洛广场）

想象一下你的城市的中心广场是什么样的，把它画出来吧！

城市的行政区划分

城市通常都很大，人们很容易迷路！把城市划分成若干个区，可以便于大家确定自己在城市中所处的位置。

当你向他人询问居住地址时，通常还需要知道具体的街区。在一座城市里，有太多不同的地方！为了更好地定位，并更好地组织城市服务（邮递、消防、学校、环境卫生等），人们将城市划分成多个街区。像北京、巴黎和纽约这样的大城市，先被划分成几个大区，大区再被划分为多个街区。在世界各地的大城市，都有这样的行政区划分。

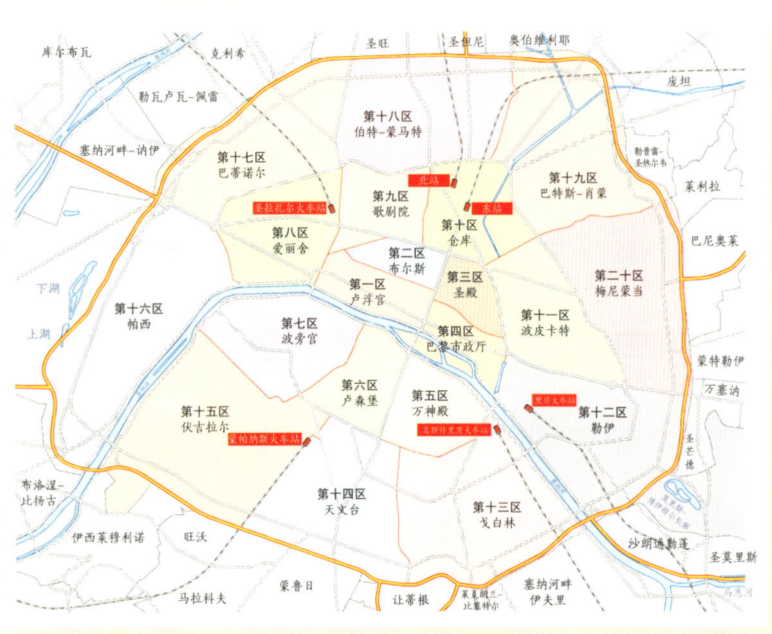

△法国巴黎的大区

△美国纽约的郡县

本书插图系原文插附地图

请画出你的城市地图，每个区域使用不同的颜色，然后给它们分别起一个名字。

城市和环保

唉！如今环境问题太严重了，空气污染、噪声、炎热等，让人应接不暇。怎么才能让城市变得更加舒适宜人呢？

建设城市时，应该尽量确保居民能够健康地生活，能够呼吸清洁的空气，同时能够减少对气候变化的影响。为此，除了减少小汽车、卡车、公共汽车、取暖锅炉以及化工企业排放的废弃物造成的污染，还要留有足够的绿地。越来越多的人在城市中心开辟园地，种植水果和蔬菜：哥伦比亚、英国、法国等国家的居民都在这么做。

在荷兰的阿姆斯特丹，人们日常骑自行车上班、兜风，既没有空气污染，也没有恼人的噪声，而且它们占地非常少！

在越来越多的城市，比如法国的许多城市和美国纽约，人们把堆肥垃圾（例如蔬菜的外皮）单独收集起来，用以生产堆肥，然后提供给园丁或农民使用。

在韩国的首尔，人们把原来的一条城市快速路拆掉，让流淌在它下面的河流重见天日。

建筑师用绿植覆盖建筑物的尝试越来越多，比如位于意大利米兰市中心的垂直森林。

你知道吗？

城市也面临着自然灾害的威胁！在巴黎，100年前，塞纳河河水泛滥，把城市的一大部分都给淹没了，而这样的洪灾很有可能在未来的某一天再次发生！

城市的未来

你的城市在十年后会是什么样子？设想一下，然后把它画出来！

图书在版编目（CIP）数据

我来创造未来世界. 2, 规划一座城市 / (法) 科拉·罗贝尔著 ; (法) 约瑟芬·范德杜特绘 ; 周游译. -- 上海 : 上海社会科学院出版社, 2024
ISBN 978-7-5520-4389-1

Ⅰ.①我… Ⅱ.①科… ②约… ③周… Ⅲ.①科学知识—儿童读物 Ⅳ.①Z228.1

中国国家版本馆CIP数据核字（2024）第094233号

上海市版权局著作权合同登记号：图字09-2023-1175号

我来创造未来世界：规划一座城市

著　　者：［法］科拉·罗贝尔
绘　　者：［法］约瑟芬·范德杜特
译　　者：周　游
责任编辑：杜颖颖
特约编辑：晋西影
装帧设计：乔雅琼　盛广佳
出版发行：上海社会科学院出版社
上海市顺昌路622号　邮编 200025
电话总机 021-63315947　销售热线 021-53063735
https://cbs.sass.org.cn　E-mail: sassp@sassp. cn
印　　刷：鸿博昊天科技有限公司
开　　本：787毫米 × 1092毫米　1/12
印　　张：4
字　　数：52.5千
版　　次：2024年9月第1版　2024年9月第1次印刷
审 图 号：GS（2024）2620号

ISBN 978-7-5520-4389-1/Z · 087　定价：179.80元（全6册）